AF440388

LA

CIVILISATION CHRÉTIENNE

EN ALGÉRIE

DISCOURS PRONONCÉ PAR M. L'ABBÉ MILLOT

DIGNITAIRE DU CHAPITRE D'ALGER

A L'ASSEMBLÉE DES CATHOLIQUES

le 6 avril 1877

PARIS

IMPRIMERIE VICTOR GOUPY

RUE DE RENNES, 71

—

1877

LA

CIVILISATION CHRÉTIENNE

EN ALGÉRIE

———•———

PARIS

IMPRIMERIE VICTOR GOUPY

RUE DE RENNES, 71.

—

1877

LA CIVILISATION CHRÉTIENNE

EN ALGÉRIE

DISCOURS PRONONCÉ PAR M. L'ABBÉ MILLOT

DIGNITAIRE DU CHAPITRE D'ALGER

A L'ASSEMBLÉE DES CATHOLIQUES

LE 6 AVRIL 1877

***

Messieurs,

Ayant appris que la neuvième commission de votre assemblée devait s'occuper des œuvres d'évangélisation fondées ou à créer parmi les Arabes, les Kabyles et les nègres du Soudan, je suis venu me mettre à sa disposition pour lui fournir à ce sujet tous les renseignements qu'elle pourrait désirer. Ce n'est pas que l'un de ses membres au moins ne fût déjà fort à même de vous édifier sur cette matière. Ayant lui-même séjourné très-longtemps en Algérie, M. de Baudicour a vu nos œuvres naître, se développer, arriver enfin à ce degré de stabilité plein de promesses où l'avenir n'est plus qu'une question d'argent, question difficile et pénible qui a ses incertitudes et ses angoisses passagères souvent renouvelées, mais question qui ne sera, grâce à Dieu, jamais insoluble, tant que, parlant pour une œuvre française, à des cœurs catholiques et français, nous pourrons nous appuyer sur leur inépuisable générosité ! A ce point de vue, Messieurs, le bienveillant accueil de votre commission et la mesure d'exception que vient de solliciter à mon profit l'honorable M. Chesnelong, me rassurent et m'ouvrent, en me donnant l'espoir de votre concours, la perspective d'un avenir fécond et assuré.

L'Afrique française, Messieurs, a préoccupé et préoccupe encore beaucoup tous ceux à qui les intérêts de la France sont chers. La colonisation y a marché lentement au milieu de bien des alternatives de paix, de guerre, de malheurs ou de prospérité, mais elle y a marché. C'est beaucoup, et l'on ne saurait sans injustice dire que rien n'y a été fait. On n'y a peut être pas fait tout le possible, mais on y a en tous cas dépensé des efforts, des sueurs et du sang, dont ne ne devons pas méconnaître le prix.

Quoi qu'il en soit, coloniser, ce n'est pas toujours franciser. La population française de l'Algérie, fût-elle double et triple de ce qu'elle est à l'heure où je vous parle, n'en serait pas moins noyée dans une population indigène, démesurément plus nombreuse, et qui a gardé, avec la foi au Coran, ses institutions, ses coutumes, sa langue distinctes, séparées, ennemies des nôtres. Comment amener les indigènes à se fondre volontairement avec nous ? Ils sont maîtres de la majeure partie du sol, ils y naissent, s'y multiplient, y étendent leurs possessions, ils sont acclimatés. Le plus grand nombre d'entre eux, les Kabyles, ont des instincts sédentaires, des goûts laborieux, quelques industries particulières, qui les rendent plus aptes à se plier aux progrès de notre civilisation. Il saute aux yeux qu'il y a là un élément qu'il ne faut pas négliger et qui, si nous parvenons à nous l'assimiler, est à peu près le seul qui puisse garantir la prospérité de notre colonie.

Assimiler les Arabes? assimiler même les Kabyles? cela est de toute impossibilité tant qu'ils demeurent musulmans. A part de très-rares exceptions, ils ne se feront point naturaliser, et cela se conçoit : la naturalisation n'a d'autre effet que de les soumettre à la loi française, qui est dans leur esprit une loi chrétienne avant tout; elle leur enlève leurs coutumes, la polygamie, le divorce, la faculté de recourir à la justice musulmane là où elle fonctionne encore. Il ne faut pas se le dissimuler, Messieurs, pousser dans ces conditions-là un arabe à se faire naturaliser, c'est lui demander une véritable apostasie; c'est, avant de lui avoir donné une foi nouvelle, lui proposer de renoncer à sa patrie et à sa religion. C'est une monstruosité, il ne le fera pas.

Si je vous dis ces choses, Messieurs, c'est que notre œuvre, qui semble toute d'apostolat catholique, a puisé, dès le principe, dans ces considérations mêmes une énergie seconde, comme une autre consécration qui nous est chère. Il nous était doux de nous dire, et il nous l'est souverainement de le répéter devant vous à cette heure, qu'en travaillant là-bas pour Dieu, de notre mieux et de toutes nos forces, nous unissions nécessairement les intérêts de notre religion aux intérêts bien entendus de la patrie.

Oui, Messieurs, nous espérons dans un avenir prochain pouvoir assimiler, sans secousse, sans violence, sans créer de révolte, par la seule force de la charité, presque toute la population indigène de l'Algérie. Là où le voyageur ne rencontre aujourd'hui que des tribus rongeant leur frein et demandant à Dieu de hâter l'heure de la revanche; en Kabylie surtout, nous espérons et nous avons des raisons d'espérer qu'avant un demi-siècle, si l'on nous laisse faire, on rencontrera partout des villages volontairement naturalisés chrétiens ou tout au moins français de cœur, parce qu'ils auront cessé d'être musulmans.

Vous allez voir, Messieurs, si nos espérances sont sans fondement.

Les vieux musulmans sont difficilement convertissables : c'est malheureux, mais c'est un fait d'expérience. Aussi, ne nous flattons-nous pas d'arriver auprès d'eux à un résultat sans précédent. Mais la jeune génération, les enfants, si on les peut soustraire à l'influence mauvaise où jusqu'à ce jour ils ont grandi, ceux-là sont parfaitement abordables, adoptons-les, élevons-les, instruisons-les; au jour de leur majorité, s'ils le demandent et surtout le méritent, promettant d'en porter le caractère dans l'honneur et l'activité d'une vie plus pure, donnons-leur le baptême : ils ne seront peut-être pas tous des saints, mais à coup sûr ils seront français. N'y eût-il que cela, n'est-ce pas déjà quelque chose?

En Algérie, les trois quarts des enfants indigènes, je

ne crains pas que personne puisse me démentir, les trois quarts des enfants indigènes sont : ou abandonnés, ou orphelins, ou fils de femmes divorcées, ce qui revient exactement au même, car le mari qui renvoie sa femme renvoie d'ordinaire avec elle tous les enfants qu'il en a eus, Celle-ci pressée de se remarier ou tout au moins de se donner un maître, ne fût-ce que pour vivre, les abandonne sans remords, le nouveau mari ne se souciant pas d'épouser une telle charge. Ils sont dès lors, quel que soit leur âge, livrés à eux-mêmes : vagabonds, vivant de rapines, adonnés à tous les vices et, quand ce sont des filles, livrées à toutes les convoitises et à tous les excès d'une corruption précoce. Leurs tribus sont censées veiller sur eux, mais elles ne le font pas ; ils n'y restent pas. Si nous avions des ressources, nous pourrions agrandir nos orphelinats ; ils se rempliraient d'eux-mêmes, car ces pauvres petits êtres en connaissent le chemin, hélas, et ce chemin n'aboutit déjà plus.

La famine de 1867 a jeté entre nos bras 2,500 de ces enfants. Le mal était trop grand pour qu'on pût nous empêcher de les prendre, et de cet excès du mal est née notre liberté. Ils arrivaient à nous exténués, mourant de faim, grelottant la fièvre, portant le typhus et j'aperçois dans cette enceinte un vénérable frère des écoles chrétiennes qui nous a aidés des premiers à les recueillir à les soigner lorsque nous n'avions encore à leur donner pour abri que des tentes. Combien de ses collaborateurs sont morts là à la peine, lui seul pourrait le dire, car il n'a mérité peut être d'échapper à la mort que parce qu'il s'est le moins épargné au travail. Qu'il me permette de le saluer ici, comme on salue un père et un ami.

Nous avons élevé tous ceux de nos enfants qui ne sont point morts des suites du fléau, les garçons dans un orphelinat situé à la Maison Carrée, les filles dans un établissement du même genre à Rouba ; tous les deux sont près d'Alger. Nous leur avons donné à tous une bonne éducation primaire, sans enseignement chrétien direct autre que les explications qui naissaient forcément ou de leurs questions, ou des nécessités de leur instruction historique, ou enfin et surtout des exemples et de la charité des prêtres et des sœurs qui se dévouaient à eux. Aucun d'eux n'a été baptisé que sur sa demande et à l'âge où la coutume arabe le rendait maître de ses actes. Un grand nombre de ceux qui ont l'âge de 18 à 20 ans le sont à l'heure qu'il est. Nous les avons mariés, sous le régime de la loi française, par-devant l'officier civil et à l'église. Cet acte seul entraîne pour eux la naturalisation ; ils le savaient, ils l'acceptaient, le demandaient, et c'eût été leur faire la plus cruelle injure que de le leur refuser.

Prévoyant l'avenir, Mgr l'Archevêque d'Alger avait acheté à quelque distance de Milianah une assez grande étendue de terrain. Nous avons bâti là, près l'un de l'autre, deux centres de population de quarante et cinquante feux : Saint-Cyprien et Sainte-Monique. Nous y avons établi nos arabes devenus chrétiens. Si vous y passiez quelque jour, Messieurs, arrêtez-vous dans ces villages. L'église y a remplacé la mosquée ; l'école chrétienne, la zaouïa et, si ces nouveaux français parlent entre eux leur langue, ils vous répondront dans la vôtre aussi correctement que s'ils n'eussent jamais connu qu'elle. Quelques-uns sont déjà pères, et comme la famille va vite là-bas, nous ne tarderons pas à voir quatre ou cinq marmots, pour le moins, dans chacun de nos quarante ou cinquante foyers, c'est-à-dire deux cents ou deux cent cinquante habitants en pleine terre arabe, dans ces oasis fondées par la charité. Les musulmans du voisinage ne s'émeuvent pas de cet état de choses ; ils trafiquent, conversent, vivent à l'occasion avec nos convertis, comme s'ils n'avaient point cessé d'être des leurs. Ah ! laissez faire les années, Messieurs, la conscription prendra pour les armées françaises les enfants nés dans nos villages. Vous savez comment se battent leurs frères : Wœrth, Frœschwiller, Forbach, Sedan même ont été témoins de leur rage. Les nôtres ne serviront plus la France comme l'on sert un maître à qui on se vend à prix d'or, mais comme on défend une mère, et je vous le jure, ils porteront, dans la victoire ou la défaite, la même ardeur, la même force, le même mépris de la mort.

Pour soutenir et alimenter ces créations, Mgr l'Archevêque d'Alger envoie annuellement à Marseille dans une maison dirigée par les Frères des écoles chrétiennes ceux de nos orphelins qui manifestent des dispositions particulières pour apprendre un état manuel. C'est de là que nous tirons nos maîtres-maçons, charpentiers, cordonniers, tailleurs, en sorte que chaque fondation nouvelle soit munie, dès le premier jour, de toutes les ressources de ces industries indispensables.

En même temps qu'il s'occupait, avec cette hauteur de vue, des enfants qu'il avait adoptés, Mgr Lavigerie créait dans son diocèse une congrégation spéciale qui devait avoir pour but de s'occuper des tribus arabes de l'Algérie et de pénétrer dès que l'occasion s'en présenterait jusqu'au Soudan. Pour arriver aux Arabes, il faut adopter leur genre de vie ; nos missionnaires ont de l'arabe tout jusqu'au costume ; ils parlent sa langue, mangent, couchent, se logent comme les arabes eux-mêmes ; ne doivent jamais entamer ni provoquer avec ceux chez qui ils habitent, de discussions religieuses. Mais, ayant pendant deux années étudié assez de médecine pour pouvoir se rendre véritablement utiles dans ce pays où l'on ne rencontre jamais l'ombre d'un médecin et qui pourtant ne s'en porte pas mieux, ils partent, pansent toutes les plaies, distribuent des remèdes, font l'école aux enfants qu'on leur confie, et on les leur confie tous. Leurs progrès sont si rapides que de tous les points de la Kabylie, ils sont aujourd'hui demandés. On vient au-devant d'eux ; on s'offre à leur bâtir des écoles et des demeures, et on le fait partout où nous en pouvons envoyer. Ils ont une maison à Laghouat, Ouargla, Mettili, Geryville, Biskra, un très-grand nombre en Kabylie, à Tunis, à Carthage, sur le lieu même où Saint-Louis rendit le dernier soupir. Il y a deux ans à peine qu'ils ont mis le pied dans la Tripolitaine, et déjà, tant ils sont populaires parmi les musulmans, presque tous les agents consulaires en demandent. Nous ne pouvons plus en fournir; notre personnel compte soixante-quatorze prêtres où jeunes gens dans les ordres sacrés, dix-sept novices, quarante frères coadjuteurs, et dix-neuf petits novices arabes, sollicitant pour eux plus tard l'honneur du Sacerdoce. Si Dieu bénit ces vocations c'est sur ces enfants que nous comptons pour entamer l'évangélisation au Soudan. Ils sont acclimatés plus que nous, et souffriront moins sous ces latitudes.

Outre cela, nous avons un petit séminaire arabe à Saint-Laurent d'Ost, dans les Pyrénées, et un scolasticat de religieuses missionnaires, à Kouba en Algérie. Elles aussi ont des postulantes arabes.

Un hôpital arabe a été fondé *aux Atafs*, à proximité des villages de notre création. C'est le seul hôpital où les indigènes viennent volontiers, le seul surtout où ils envoient leurs femmes. Les hommes sont soignés par nos prêtres, les femmes par nos religieuses. Là, les malades n'entendent parler que leur langue; ils préparent eux-mêmes leurs aliments; et l'on évite, jusque dans la manipulation des remèdes, tout mélange pouvant blesser leurs croyances ou leurs rites. Ils sont chez eux, et le spectacle, et le contact de cette charité ont porté notre renommée bien au loin. Voilà, Messieurs, comment notre ardeur de prosélytisme sait allier la charité et le respect des consciences. Que les apôtres du socialisme, les prédicants des libertés modernes arrivent à en faire autant !

Les soins que nous donnons aux arabes sont, et doivent être, absolument gratuits; on accepterait pas même un gâteau de figues ni une mesure de farine d'avoine. Nous nous réservons de pouvoir leur dire à toute heure, quand ils nous demandent pourquoi donc fais-tu tout cela ? — « Parce que la loi chrétienne m'ordonne de t'aimer comme un frère et de n'avoir avec toi qu'un cœur à nous deux. » Cela les surprend d'abord, mais quand ils sont une fois convaincus que nous n'obéissons à aucune préoccupation politique, ils se rendent, ils nous aiment, et nous amènent leurs enfants.

Leur confiance en nos missionnaires va si loin qu'ils ne peuvent pas comprendre la réserve naturelle et nécessaire qui les porte à ne point soigner leurs femmes, eux qui ne les laisseraient voir, fussent-elles mourantes, à aucun médecin. Dans la dernière tournée que Monseigneur a faite en Kabylie, une foule innombrable s'est portée à sa rencontre et, par la voix des anciens, lui a tenu ce langage : « Grand marabout, nous n'avons qu'un reproche à faire à tes fils : ils ne veulent pas soigner nos femmes, et pourquoi ? nos femmes sont aussi souvent malades que nous, plus souvent même. Mais enfin, puisqu'ils ne le veulent, envoie-nous des maraboûtes. Nous les recevrons comme tes filles et veillerons sur elles comme sur nos enfants. » Voilà où nous en sommes, Messieurs ; le mouvement qui nous appelle en Kabylie s'accentue de jour en jour ; il est général. Dans les environs de Tizi-Ouzou, toute une Zaouïa avec ses dépendances nous a été récemment offerte par les indigènes eux-mêmes, à la seule condition que nous y envoyions trois des nôtres. Nous remplacerions les 250 marabouts ou aspirants marabouts que la Kabylie y entretenait, en droit sinon de fait, depuis des siècles. Pour ceux d'entre vous qui l'ignorent, je vous dirai, Messieurs, ce que c'est qu'une Zaouïa. Une Zaouïa est une sorte de communauté religieuse musulmane que l'on pourrait comparer assez exactement à nos séminaires chrétiens et où des marabouts élèvent un certain nombre de jeunes gens qui doivent

prendre leur succession. Trop souvent ces communau-
tés sont des foyers de haine et de colère, d'où partent
les insurrections, où les révoltes s'organisent, où l'on
se procure des armes. Qu'on nous les donne : pas n'est
besoin que je le dise, on n'y entendra plus prêcher la
guerre sainte ; on n'y enrôlera plus de soldats ou du
moins, c'est qu'alors ils viendraient nous donner leurs
noms et chercher des fusils pour voler au secours de la
France en danger. (*Applaudissements prolongés.*)

Ne m'applaudissez pas, Messieurs, notre situation est
vraiment trop triste ! Écoutez plutôt : si nous avions
des ressources, nous pourrions ouvrir demain deux
nouveaux villages chrétiens. Nous avons les hommes,
nous avons les femmes, nous avons la terre, l'argent
seul nous manque. Et c'est le moment que choisit la
Chambre pour diminuer de 350,000 francs le budget
catholique de l'Algérie. Alger étant le centre de toutes
les œuvres, Mgr l'Archevêque évalue à 209,000 francs
pour sa part les sommes dont il sera privé. Où les trouverons-nous? Les trouverons-nous même jamais? Je
ne le sais. Mais nous les chercherons, Messieurs, dus-
sions-nous aller crier notre misère, comme je l'ai fait
deux fois déjà à tous les échos du nouveau monde. Seulement c'est dur, c'est horriblement dur quand on a le
double honneur d'être catholique et Français de men-
dier à l'étranger qui vit de nos aumônes pour une
œuvre catholique et française.

Nos missionnaires ont sondé les approches du Soudan. Ils ont eu l'occasion de soigner dans leurs postes
du désert un certain nombre de Touaregs qui ont porté
chez eux la renommée de leurs vertus et de leur cha-

rité. Encore que sur cette route trois de nos jeunes prêtres aient été tués récemment, cependant ils ne l'ont point été par ceux qui les avaient appelés. Des brigands les ont rencontrés et mis à mort : c'est un accident, et rien de plus. Pour eux, pourtant, grâce à leurs inten‑ tions, c'est le martyre. Ils sont bienheureux !

En résumé, Messieurs, il y a en Algérie, 2,500,000 musulmans environ. Les Kabyles (1) forment à eux seuls les 3/5 de ce chiffre. Ils sont facilement assimi‑ lables; mais l'assimilation ne se peut faire que par deux voies; ou l'extermination dont personne ne veut, ou la disparition de l'islamisme, l'idée de nationalité étant chèz les indigènes si bien confondue avec l'idée de reli‑ gion qu'aucun raisonnement ne leur persuadera jamais

(1) Sous le nom de Kabyles sont compris tous les indigènes de race berbère, mêlés aux colons romains qui, lors de l'invasion arabe, se sont retranchés aussi bien dans les oasis de Sahara que dans toutes les montagnes de l'Atlas. Déjà affaiblie par l'hérésie, leur foi n'a pas résisté, comme celle des chrétiens maronites du Liban, aux assauts du fanatisme musulman. Mais en abjurant leur foi, les Kabyles n'ont pas adopté complétement le Coran et ont conservé avec leurs règlements beaucoup de vestiges des mœurs et usages chrétiens. Aussi ont‑ils plus de sympathie pour les Français dont la loi se rapproche de leurs *canons*, que pour les Arabes dont les marabouts se sont implantés chez eux pour n'enseigner que le Coran dans leur Zaouïa. Il ne faut donc pas s'étonner de les voir, aujourd'hui que les bureaux arabes n'y mettent plus d'obstacles, demander à Mgr l'Archevêque d'Alger de remplacer par ses mis‑ sionnaires les marabouts des Zaouïa. La polygamie n'étant pas admise par eux, leurs femmes sont restées à la tête de leurs fa‑ milles au même niveau social que les nôtres. Il n'est donc pas sur‑ prenant non plus de les voir réclamer pour elles le ministère de nos prêtres, alors qu'il faudrait, pour laisser un Arabe aborder les siennes par un étranger, un miracle plus grand encore que pour lui faire accepter l'Évangile.

qu'on puisse être à la foi musulman et français. Vous avez vu ce que nous avons fait dans la seconde de ces voies. J'aurai dit le dernier mot de tout ce petit plaidoyer quand je vous aurai appris qu'il y a sept ans à peine que Mgr Lavigerie s'est mis à l'œuvre. Dans ces sept ans, il est donc arrivé à un résultat auquel tous les gouvernements avaient pour jamais renoncé.

Par suite des derniers votes législatifs, nous sommes menacés de mourir de faim. La charité privée qui nous a soutenus jusqu'ici ne se lassera-t-elle pas? Pour empêcher qu'elle ne se lasse, ne pourrait-on tenter de l'organiser et de créer dans certaines villes des comités permanents, chargés de recueillir des ressources pour l'œuvre des villages arabes chrétiens et des orphelinats arabes de Mgr Lavigerie? Si nous étions appelés à solliciter des secours nous saurions au moins où nous adresser. Nous aurions à chaque instant des coopérateurs et des coopératrices assurés. Vous ai-je assez fait voir qu'il y avait dans nos œuvres, à côté et comme conséquence nécessaire de l'évangélisation des arabes, un intérêt patriotique et français au premier titre? Je l'espère, Messieurs, n'étiez-vous pas d'ailleurs guidés par un instinct qui rencontrait sans le savoir notre propre pensée, lorsqu'au lendemain de nos désastres, pour tâcher de les réparer, vous vous tourniez naturellement vers l'algérie. Ah! vous aviez raison. Envoyez-nous là-bas, plus nombreux et toujours mieux choisis, ces bannis de l'heure présente, à qui l'on peut bien par la force arracher leur foyer, mais qui viennent à vous, conservant la patrie dans leur cœur, dont aucune violence ne la saurait proscrire. Refaites-vous là-bas, une autre, que dis-je ? une double Alsace-Lorraine. La place est large ; nous installerons ces frères d'hier, à côté de vos frères de demain. Combien nous en donnerez-vous ? Sera-ce deux millions ? Donnez-les nous, Messieurs, nous vous en rendrons quatre , au sein desquels le génie de la France aura versé l'amour unique qu'elle sut inspirer de tout temps à ceux-là même qu'elle forçait à se courber sous son épée victorieuse.

Je m'arrête, Messieurs. *(Non, non, continuez.)* Eh bien ! puisque vous le voulez, j'exprime devant vous cette persuasion intime de mon âme de prêtre :

En remettant à l'épée de la France cette terre autrefois le joyau de l'Eglise, la Providence a voulu sans doute la ressusciter par vos mains à la vérité et à la civilisation. Voici que déjà, dans votre ardeur de défense et de régénération religieuse et sociale, vous daignez jeter les yeux sur nos ruines. Quoique vous fassiez, Messieurs, vous ne m'empêcherez pas de voir dans ce regard ami la promesse d'une vie nouvelle. Que l'Algérie naisse à la France et à son Christ ; elle partagera leur destin ; elle ne mourra plus réalisant ainsi cette parole de saint Paul, devise prophétique de notre dernier évêque : *resurgens non moritur.* Il est mort, lui, n'ayant pu que saluer la terre promise, mais le dévouement indomptable de son successeur a brisé les barrières, et promet de tout envahir et régénérer sous l'action de la chaleur céleste dont Jésus ranime le monde et qui porte avec soi la lumière et l'amour sans fin, car elle est le souffle de Dieu !

Sur la proposition de la neuvième Commission de Terre-Sainte et d'Orient (1), l'Assemblée des Catholiques a adopté, entre autres vœux, le vœu suivant :

. . . .

5° Que dans les diocèses de France, il soit établi, sous le patronage de saint Louis, des comités spéciaux, d'hommes et de dames se proposant de soutenir et de développer les missions de l'Algérie et de l'Afrique.

(1) Président :   M. G. DE BELCASTEL, sénateur.
Vice-Président : M. Louis DE BAUDICOUR.
Secrétaire :   M. l'Abbé MILLOT.

LETTRE CIRCULAIRE

DE MONSEIGNEUR L'ARCHEVÊQUE D'ALGER

AU CLERGÉ DE SON DIOCÈSE

Relativement à la situation faite aux Œuvres diocésaines et aux Séminaires par la récente suppression de crédits qui leur étaient affectés,

---

Alger, le 1er janvier 1877.

MESSIEURS ET CHERS COOPÉRATEURS,

Sous le coup des atteintes de la maladie grave qui paralyse en partie, depuis trois ans, l'exercice de mon ministère pastoral, je pensais devoir attendre dans le silence, ce qu'il plairait à Dieu d'ordonner de moi. Ce silence néanmoins, il ne m'est plus possible de le garder aujourd'hui, en présence des dangers qui menacent notre vie diocésaine, et qui, si nous ne pouvions les

2

conjurer, l'atteindraient bientôt, d'une manière irréparable.

J'ai déjà exposé cette situation au gouvernement de
la France, qui, dans les débats de nos Assemblées,
avait tout fait lui-même, pour la prévenir, et auquel je
suis heureux d'exprimer notre gratitude, en l'exprimant aussi aux hommes de cœur qui l'ont soutenue de
leurs votes et de leur parole. Mais les nécessités qu'impose l'observation de lois régulièrement votées, les délais qu'exige la présentation de dispositions nouvelles
ne lui permettront même plus de venir utilement à
notre aide.

Je m'adresse donc directement à vous, Messieurs et
chers Coopérateurs. Je le fais sans récriminations et
sans aigreur contre qui que ce puisse être, uniquement
pour remplir vis-à-vis de vous un devoir sacré. Il
s'agit, en effet, de vos intérêts plus encore que des
miens, puisqu'ils regardent un avenir qui vous appartient tout entier et où tout semble m'annoncer, au contraire, que je n'aurai plus une longue part. Et au-dessus
de vous et de moi, il s'agit des âmes qui nous sont
confiées, de l'honneur même de la France chrétienne,
qui est directement atteint, sur une terre encore musulmane et en présence des étrangers qui nous observent, par les coups portés à un culte que personne,
quoi qu'on fasse, ne pourra séparer ici de notre nationalité.

Les derniers votes législatifs viennent, comme vous
le savez, d'enlever aux trois diocèses d'Algérie, une
partie de leurs ressources, et au seul diocèse d'Alger
un ensemble de crédits qui ne s'élève pas à moins de

deux cent neuf mille francs, C'EST-A-DIRE PRÈS DE LA MOITIÉ DE SON BUDGET TOTAL ANNUEL (1).

Une semblable mesure, votée trois jours seulement avant l'ouverture de l'exercice financier, est de nature à mettre toute administration, quelle qu'elle soit, hors d'état de faire honneur aux engagements contractés par elle, et elle atteint nos œuvres les plus importantes.

(1) Les votes récents du Corps législatif viennent, sur le budget de 1877 comparé à celui de 1876, d'enlever aux diocèses de l'Algérie, la somme de 350,000 fr. ainsi répartis :

Au budget de l'Algérie.

Chapitre XIV, art. 3. — Établissement des orphelins de la famine. 73.000
Chapitre XVII. — Construction d'églises dans les anciens centres 75.000
Crédits supplémentaires. — Orphelinats diocésains. . . . 80.000

Au budget des Cultes.

Chapitre VI. — Bourses des Séminaires. 20.000
Chapitre X *bis*. — Travaux aux édifices diocésains de l'Algérie. 100.000
Total des crédits supprimés. . . . 350.000

Sur l'ensemble de ces crédits, le diocèse d'Alger, dont les établissements et le clergé sont beaucoup plus nombreux que ceux des deux autres diocèses, perd à lui seul :

Pour l'établissement des orphelins de la famine. . . . 75.000
Pour les orphelinats diocésains. 48.000
Pour la subvention aux Séminaires.. . . . . 11.000
Pour les édifices diocésains. 50.000
Pour la construction des églises. 25.000
Total. 209.000

Ainsi, je ne pourrai plus, à mon grand regret, tenir mes promesses pour les constructions d'églises paroissiales dans les anciennes communes qui en sont encore privées. Et cependant jamais entreprise ne fut plus nécessaire. Malgré tout ce que nous avons fait déjà depuis six années, en construisant avec le concours de tous et le vôtre en particulier, près de trente églises nouvelles, quarante-quatre centres de populations et, parmi eux, trente-quatre où des paroisses sont déjà érigées depuis quinze, vingt, trente et même quarante années, manquent encore d'églises. Cette situation est celle de presque toutes les villes de la province, où les offices se célèbrent dans d'anciennes granges, comme à Miliana; dans des corps de garde abandonnés, comme à Aumale; dans des baraques en planches, comme à Ténez et à Orléansville ; dans des masures, comme à Marengo et à Montenotte, où les fidèles à leurs places, le prêtre à l'autel, ne peuvent se garantir de la pluie. Que dire d'Alger lui-même, lorsque les fidèles de Mustapha-Inférieur peuvent, avec vérité, m'écrire ce qui suit : « Depuis vingt-cinq ans que cette paroisse existe,
« le culte se célèbre dans une misérable baraque ver
« moulue, depuis longtemps condamnée et que la mu
« nicipalité a dû dernièrement, par mesure de sécurité
« publique, faire soutenir à l'extérieur par d'énormes
« poutres pour en retarder un peu l'inévitable ruine.
« Mais ce danger qui peut devenir tous les jours plus
« sérieux, n'est pas encore le plus grave motif qui nous
« porte à demander l'intervention de Votre Grandeur
« pour obtenir une église ; le principal motif qui nous
« fait agir est l'inconvenance absolue qu'il y a à laisser

« ainsi le culte catholique dans cet état d'abaissement
  et de mépris public, aux portes d'Alger, sur la route
« la plus fréquentée de l'Algérie, où tous les étrangers
« peuvent voir la religion réduite à se réfugier dans
« une indigne baraque, et cela dans un pays où pas un
« seul des autres cultes ne se trouve dans une pareille
« misère. Il y a là quelque chose de trop blessant non-
« seulement pour des cœurs chrétiens, mais encore
« pour des cœurs français, pour que nous puissions
« rester indifférents et plus longtemps inactifs en pré-
« sence d'une pareille situation. »

C'est dans cet état de choses, et en présence d'engagements déjà contractés que l'on vient de réduire à
vingt-cinq mille francs pour le diocèse d'Alger, la
somme destinée à la construction de nos églises dans
les anciens centres. Vingt-cinq mille francs pour cons-
truire quarante-quatre églises ! C'est déclarer qu'on
ne les construira jamais.

La condition de nos édifices diocésains est rendue
désormais tout aussi précaire. Pour l'entretien de l'Ar-
chevêché, de la Cathédrale d'Alger, dont le portail
menace ruine, du Séminaire de Kouba, de celui de
Saint-Eugène, pour les travaux destinés à achever ces
deux derniers établissements, auxquels il reste plu-
sieurs centaines de mille francs de dépenses à faire,
nous avons droit en tout, à trente-quatre mille francs,
c'est-à-dire au tiers des cent mille francs alloués pour
les trois diocèses de l'Algérie.

Notre embarras n'est pas moins grand pour les orphelins de la famine qui nous restent encore, et à qui
nous avons dû laisser retirer toute subvention, plutôt

que les soumettre, par un acte arbitraire de notre part, à l'application de la loi militaire. Comment les entretenir désormais ? mais surtout comment nous décider à retirer à ceux qui le réclament, l'appui qu'ils ne trouvent qu'en nous ?

Enfin, le coup le plus funeste est celui que reçoit notre séminaire de Saint-Eugène, dont l'existence même est menacée, car nos séminaristes une fois dispersés seront perdus sans retour et le recrutement du clergé tari dans sa source.

En France, l'État n'accorde aucun secours aux Petits-Séminaires. Ils peuvent à la rigueur s'en passer, parce que la charité catholique et les familles y suppléent. Ici ils ne peuvent compter, ni sur les familles, ni sur les fidèles. Voilà pourquoi, dès l'origine, l'État leur est venu en aide, par une allocation directe, comme il a continué de le faire depuis la création des trois diocèses, sous forme de subvention pour les frais généraux. Mais avec cette subvention elle-même vous savez à quelles extrémités nous avons été réduits, comment nous avons dû retrancher, durant cette dernière année, une partie notable de leur nourriture aux élèves du Petit-Séminaire, et comment, même après une mesure aussi désespérée, nous n'en sommes pas arrivés à éviter des dettes.

Aujourd'hui, cette subvention déjà insuffisante nous est retranchée par suite de la suppression de vingt mille francs sur les crédits des Séminaires et nous n'avons plus que les seules bourses fournies par l'État et qui ne sont qu'au nombre de SOIXANTE-DIX POUR TOUTE

L'ALGÉRIE, de trente seulement pour le diocèse d'Alger.

Dans une telle situation, et si nous ne trouvons immédiatement les ressources nécessaires, la fermeture du Petit-Séminaire s'impose à nous. Cette mesure serait, comme je viens de le dire, la destruction du sacerdoce algérien, et voilà pourquoi, Messieurs, avant de prendre une aussi grave décision, je viens vous faire connaître mes embarras, mes angoisses, vous demander un conseil et, s'il le faut, un concours que vous ne me refuserez pas.

Le diocèse d'Alger n'a par lui-même des ressources d'aucune espèce. Il n'a reçu de l'État aucune dotation foncière quelconque qui puisse lui donner des revenus. Il n'en a non plus reçu aucune de la charité privée.

J'avais acquis, il est vrai, en 1868, pour assurer la continuation de nos orphelinats et des autres œuvres de la Mission dont je suis chargé comme Délégué apostolique, des propriétés diverses. J'en ai fait, depuis plus de trois ans, aussi bien que des fonds qui me restaient encore, la donation légale et la remise effective à la Société de nos Missionnaires, en lui donnant une existence civile ; mais les revenus de ces biens sont encore loin de suffire à leurs œuvres et il faut y ajouter chaque année près de deux cent mille francs, que l'on ne trouve qu'à grand'peine auprès des admirables chrétiens de France ou des associations d'apostolat.

Je sais bien qu'une opinion égarée qui a trouvé son écho jusqu'à la tribune de l'Assemblée, nous représente comme regorgeant de richesses ; j'ai toujours dédaigné de répondre à ces calomnies ; j'ai pensé que, suivant une noble maxime, un évêque doit avoir la patience et la force d'attendre au jugement dernier pour se justifier. Mais la réalité est que nous sommes pauvres, et que mon traitement, qui est maintenant ma seule fortune, suffit à peine aux charges nombreuses qui partout, mais plus ici qu'ailleurs, pèsent sur le chef d'un diocèse.

L'administration diocésaine ne peut donc rien, par elle-même, pour empêcher la destruction de notre Petit-Séminaire.

Faut-il le laisser périr ?

Pesez un moment, avec moi, Messieurs, les conséquences d'une telle résolution.

Dans le courant de l'année qui vient de finir, le diocèse d'Alger a perdu, parce qu'ils sont morts ou parce qu'ils nous ont quittés, quatorze prêtres séculiers employés dans le saint ministère. Or, avec le chiffre actuel de nos séminaristes, nous ne pouvons compter désormais, en moyenne, que sur six prêtres par année. Ce n'est pas même de quoi combler la moitié des vides qui se produisent dans nos rangs. Comment pourvoir aux paroisses des villages nouveaux ? Et si nous n'y pourvoyons pas, comment abandonner, sans les secours de la religion, les femmes, les enfants, les malades, les mourants, qui réclament notre ministère ?

Et que dire des étrangers, Espagnols, Italiens, Maltais, dont le nombre augmente sans cesse dans la colonie et menace d'y dépasser bientôt celui des Français. C'est une nécessité non-seulement religieuse et morale, mais encore politique, d'assurer l'exercice de leur culte par un clergé qui ne dépende que de la France. Et cependant, nous voyons déjà un gouvernement étranger obligé, pour fournir à ses nationaux les secours religieux dont ils étaient dépourvus, d'entretenir, à ses frais, à Alger, des prêtres de sa nation. Certes, une telle préoccupation honore grandement le gouvernement de l'Espagne ; mais sa conduite n'est-elle pas pour la France une dure leçon, lorsque l'on sait que les prêtres espagnols d'Alger n'ont pas cessé un seul jour de recevoir leurs traitements, sous les gouvernements divers qui se sont succédé dans leur pays, et même lorsque le clergé d'Espagne était privé de toutes ressources.

Si les conditions qui viennent de nous être faites sont maintenues et rendent plus difficile encore la formation d'un clergé local, nous verrons, je le sais, ce précédent bientôt suivi, et les autres nations heureuses de suppléer au défaut de prêtres français par des prêtres qui leur appartiendront : c'est là pour elles, le moyen le plus sûr d'augmenter ici leur influence et surtout d'empêcher la naturalisation de leurs nationaux. L'intérêt de la France, en Algérie, est d'ouvrir largement et gratuitement, au contraire, les portes de ses séminaires aux séminaristes de l'Espagne, de Malte et de l'Italie, à la condition qu'ils se feront Français. Mais non-seulement elle ne donne pas à ses Séminaires les moyens de recevoir des étrangers qui se présentent, elle les rend aujourd'hui insuffisants pour les Français même, et elle sert ainsi doublement les intérêts de nations rivales.

De ce qui précède, Messieurs, je veux dire de l'impossibilité où se trouve le diocèse de suppléer aux secours de l'État qui lui sont brusquement enlevés, et de la nécessité qui s'impose à nous, comme Pasteurs et comme Français, de maintenir nos Séminaires, résulte clairement celle de prélever un nouveau tribut sur notre pauvreté si nous voulons empêcher la dispersion des élèves du sanctuaire.

Certes, c'est, de leur part, un acte de réel courage que de se destiner au ministère ecclésiastique dans ces temps et dans ce pays ; et je ne parle pas seulement des épreuves matérielles, nous les avons tous acceptées librement en quittant la Mère-patrie, je parle d'épreuves plus dures encore auxquelles nous ne devions pas nous attendre, des persécutions basses de quelques-uns, des outrages d'une presse sans respect d'elle-même et de l'intolérable amertume de ne tenir la croix entre nos mains sur une terre infidèle que pour la voir tristement humiliée.

J'ose le dire, Messieurs, parce que je connais vos sentiments et parce que je vous vois à l'œuvre, le clergé algérien ne méritait pas un traitement semblable. Je ne pense pas qu'il y ait au monde un clergé plus attaché à son pays que l'absence lui rend encore plus cher, plus étranger aux passions et aux luttes des partis, plus dévoué, plus sage, plus modeste, plus identifié aux souffrances, aux sentiments, aux aspirations des populations dont il partage la vie. Exilés volontaires, vous travaillez sans espoir de récompense humaine et, pour presque tous, une mort prématurée vient couronner vos travaux. Je le constatais, avec émotion, aujourd'hui même en parcourant le catalogue du Clergé pour l'année qui commence. Sur 259 prêtres que compte le diocèse d'Alger, quatorze seulement, fait plus éloquent que tous les discours! atteignent leur soixantième année. Tout le reste meurt à la peine, loin des siens, victime de son dévouement.

Espérons, Messieurs, que la réflexion et une connaissance plus exacte des choses feront comprendre à tous, que la situation du culte catholique en Algérie intéresse directement, comme je l'ai déjà dit, l'honneur de la France. Quoi qu'elle puisse vouloir ou souffrir pour elle-même et dans son propre sein, elle ne saurait vouloir abaisser, au dehors, et à plus forte raison entraver le culte qui, aux yeux de tous, est son culte national. Elle ne saurait souffrir de le voir réduit à recevoir des étrangers les ressources qui lui sont nécessaires, et obligé de laisser sans les secours religieux qu'ils réclament ceux qui ne sont venus ici que sous la promesse solennelle des lois qui les leur garantissaient.

Mais si nous devions être trompés dans notre attente, nous saurions, j'en ai la confiance, continuer à faire tout ce qui est en nous, pour sauver l'honneur du pays dont nous sommes les fils, aussi bien que celui de la religion dont nous sommes les ministres. Nous nous rappellerions pour nous encourager, s'il en était besoin, à ces sacrifices, que plus encore qu'ailleurs, sur une terre étrangère, nous devons après le culte de Dieu garder, comme une seconde religion, le culte de. la Patrie.

Et si enfin, après vous être dépouillés volontairement ainsi, vous deviez vous trouver un jour en présence de circonstances plus dures encore, laissez-moi vous le dire aujourd'hui, Messieurs, puisque je ne pourrai plus peut-être vous le dire alors, vous sauriez renouveler les exemples que vous ont laissés sur cette même terre, les prêtres de l'ancienne Eglise africaine. Ils sacrifiaient à l'honneur de la religion, à la conservation de leur culte, à celle du sacerdoce, à l'entretien des petits et des pauvres les ornements même des autels, et un de leurs plus grands Evêques leur disait que pour lui le Christ n'était jamais plus riche que, lorsqu'après la vente des vases d'or de ses églises, il n'y trouvait que des paniers d'osier pour recevoir son corps, et des calices de verre pour verser le sang du sacrifice auquel ce grand homme, dans des temps qui, sous plus d'un rapport, ressemblaient aux nôtres, se préparait ainsi à mêler le sien.

A ces causes et le saint nom de Dieu invoqué, nous prions MM. les Vicaires forains de réunir le clergé de leurs districts le 8 février jour où se tiendra, au lieu du mardi suivant veille des Cendres, la prochaine conférence, afin de délibérer avec lui sur ce qu'il convient de faire dans les circonstances actuelles, relativement au maintien du Séminaire de Saint-Eugène et de nous transmettre, sans délai, le résultat de cette délibération. Pour la faciliter nous leur envoyons sur une feuille séparée, le résumé de la législation canonique sur l'entretien des Séminaires.

Veuillez croire, Messieurs et chers coopérateurs, à mes sentiments les plus dévoués en N.-S.

† Charles, *Archevêque d'Alger.*

LES OFFRANDES PEUVENT ÊTRE ENVOYÉES

A Madame la Comtesse DE CHABANNES,
36, rue de Varennes.

A Madame la Vicomtesse DE MORTEMART,
4, rue des Chanaleilles.

A M. L'ABBÉ MILLOT,
au bureau de l'*OEuvre des écoles d'Orient*, 12, rue du Regard.

A M. SALLÈZE,
au bureau de l'*OEuvre des pèlerinages en Terre-Sainte*,
6, rue Furstenberg.

PARIS. — IMP. VICTOR GOUPY, RUE DE RENNES, 71.

193